Maisha
niliyochagua mimi mwenyewe

Neno la milele,
Mungu mmoja, Roho huru,
ananena kupitia Gabriele,
kama vile pia alivyonena kupitia
manabii wote wa Mungu:
Abrahamu, Musa, Isaya, Yobu, Elia
na Yesu wa Nazareti,
Kristo wa Mungu

Maisha niliyochagua mimi mwenyewe

Gabriele

Maisha
niliyochagua mimi mwenyewe

First Edition in Swahili: July 2023
1ère édition en Swahili: Juillet 2023

Translated from the original German title:
Traduit de l'allemand, titre original:

Mein Leben, das ich selbst gewählt

The German edition is the work of reference
for all questions regarding the meaning of the contents
Pour toute question se rapportant au sens,
l'édition allemande fait autorité

Order No./ N° de comm.: S345TBSWPOD
ISBN : 978-3-96446-410-1

Yaliyomo

Dibaji

Nilichagua mimi mwenyewe «maisha yangu» hata iweje.

Katika kipindi kilichopeperushwa kwenye runinga, Gabriele, nabii na mjumbe wa Mungu kwa wakati wetu, alitoa maelezo na mawaidha kuhusu mada hiyo na ambayo hapohapo yaliandikwa kitabuni humu.

Maisha niliyochagua mimi mwenyewe

hairi linalomfanya mtu atafakari:
«Maisha niliyochagua mimi mwenyewe»

Kabla ya kuanza maisha yangu duniani,
wanilionyesha jinsi itakavyokuwa;
Niliona dhiki, huzuni,
taabu na mizigo ya mateso ya maisha yangu.
Niliona uovu ukinisulubisha,
Na kosa likiniweka kifungoni.
Nikaona hasira itakayonishika,
chuki na kiburi, fahari na aibu.
Licha ya hayo, nikaona furaha za siku
zinazojaa nuru na matarajio mema,
siku zisizo tena na malalamiko wala
vidonda na siku ambapo kila
mahali panatiririka chemchem ya zawadi,
siku ambapo upendo unatoa furaha
ya uhuru kwa mtu aliye bado mfungwa
wa mwili wa kidunia;

siku ambapo mwanadamu anajiweka huru toka
usumbufu wa kibinadamu kwa kufikiri kama
mteule kati ya viumbe vikubwa vya kiroho.
Walinionyesha mambo mazuri na mabaya,
Wakanionyesha idadi ya mapungufu yangu.
Wakanionyesha jeraha langu
linalovuja damu.
Wakanionyesha msaada niliotolewa
na malaika.
Nilipokuwa nikitazama hivyo maisha
yangu ya baadaye,
Nilisikia kiumbe kimoja kikiniuliza
ikiwa nitathubutu kuishi maisha hayo,
kwa sababu saa ya uamuzi imetimia.

Baada ya kutathmini pande zote mbaya,
Nikatoa uamuzi wangu kwa sauti thabiti:
«Ndiyo, haya ndiyo maisha ninayotaka kuishi!»
Na katika ukimya,
nikachukua hatima yangu mpya.
Hivyo ndivyo nilivyozaliwa ulimwenguni humu,
hivyo ndivyo mambo ilitendeka wakati
nilipoingia katika maisha mpya haya.

Sinung'uniki, hata kama mara nyingi mambo
mengi hayanipendezi,
*kwa sababu kabla sijazaliwa nilisema ndiyo.**

* shairi ambalo mwandishi wake hajulikani, lilidhaniwa kuwa la Hermann Hesse

«Maisha yangu» – maoni ya mwanadamu kama mtu. Mungu hazungumzi kuhusu Maisha Yake binafsi

Wasomaji wapendwa, mara nyingi tunazungumzia au tunasikia watu wakizungumzia maisha yetu! Kwa mfano, kwa maneno haya:

«Maisha yangu yalikuwa ya mafanikio» au «Maishani mwangu, nilipata mafanikio mengi na pia kushindwa» au tena «siwezi kunungunika juu ya maisha yangu» au «mimi nilikuwa na maisha magumu. Mara nyingi nilikuwa mgonjwa na bado hali hiyo haijakoma» au tena «Maisha yangu yalikabiliwa na balaa nyingi» au «Maishani mwangu, nilikosa na ninaendelea kukosa ujasiri na uvumilivu» au pia «Maishani mwangu, niliishi mara nyingi katika upweke na bila furaha» au «Maisha yangu yanakaribia mwisho wake. Mwili wangu umezeeka na umechakaa» au tena «Kama ningeweza kuwa kijana mara tena, ningeishi maisha yangu kwa njia tofauti», na mambo mengine mengi tena.

Basi kila mtu ana maisha yake binafsi. Orodha ya hali tofauti zinazoashiria maisha ya kila mmoja inaweza kuendelea bila mwisho, kwa sababu kila mmoja anaweza kuongeza maelezo ya sifa za maisha yake binafsi. Hata kwenye vizazi tofauti, kila mtu aliishi maisha yake, maisha yanayolingana mara nyingi na wakati alimoishi, maisha tofauti ya furaha na mateso, na ambamo mnajitokeza matukio makubwa mawili ambayo ni kuzaliwa na kifo.

Nyakati zote na hadi leo, kila mtu ameishi maisha yake ambayo anataja kuwa ni maisha yake, maisha anayoyaamini.

Je, si jambo la mshangao ingelikuwa Roho wa milele na wa ulimwenguni pote – tunayemwita Mungu katika nchi za Magharibi – angezungumza nasi kuhusu maisha yake binafsi ya mbinguni badala ya kuzungumza nasi kuhusu uzima wa kweli na wa milele?

Maisha inayoendelea bila kikomo ni sheria ya uwepo wa milele, sheria ya asiye na mwisho, na hayo tangu milele, kwa kuwa Mungu ni Sheria iliyo milele mahali pote, uzima wa milele!

Roho wa ulimwenguni pote na wa milele hasemi kuwa ni uzima wake binafsi. Uzima ambao Mungu, Wamilele, anafunua na ambao pia unazungumziwa katika Biblia iliyo bado na sehemu ya ukweli yaani Mungu, ni uzima wa milele. Kwa nini Roho Wamilele, Roho wa ulimwenguni pote, Mungu, anazungumza kuhusu uzima wa milele, na sisi wanadamu tunazungumzia kuhusu maisha yetu, maisha ya kila mmoja kwa upekee?

Hili ni swali la muhimu, la muhimu sana! Kwa nini tofauti hii ya kushangaza? Tofauti hii inatoka wapi? Jibu ni rahisi na fupi: Ni suala la dhamiri.

Mungu ni uzima usio na mwisho na wa milele ambamo ulimwengu ulizaliwa

Watu wengi hawana mtazamo wenye nuru na wa juu kuhusu vipindi vya maisha yao duniani. Ndiyo maana wanazungumza kuhusu maisha yao. Wanasema: «Haya ndiyo maisha yangu». Wanazungumza kulingana na mtazamo wa dhamiri yao mdogo ya kibinadamu. Dhamiri ya ulimwengu bado imefungwa kwao kwa sababu bado hawajapiga hatua muhimu ya kubadilika kiroho, hawaishi kulingana na Amri Kumi za Mungu na Mafundisho ya Yesu Mlimani.

Roho wa Milele, Mungu, hana haja ya kutafuta dhamiri kuu sana, dhamiri ya ulimwenguni pote, kwa sababu Yeye Mwenyewe ndiye ufahamu huo. Yeye ndiye dhamiri ya ulimwenguni pote ambayo unajihusisha na viumbe vyote.

Mungu ni sheria isiyo na mwisho, uzima wa milele. Alijipa umbo kupitia sheria ya Asiye na mwisho. Kwa hiyo, katika ufalme wa Mungu, miongoni mwa wana na binti zake, viumbe vya kiroho, Yeye ndiye Aliye juu zaidi. Yeye ni Mungu Baba-Mama. Mungu Baba-Mama pia ni Baba yetu wa mbinguni kwa sababu ndani kabisa ya nafsi zetu sisi ni viumbe vya kiroho kutoka ufalme Wake. Baba yetu wa mbinguni hazungumzi kuhusu maisha ya kiumbe cha kiroho kwa upekee. Tangu zamani za kale, kupitia wajumbe na manabii Wake, alifundisha na bado anafundisha leo umoja wa Uzima. Uzima ni sheria takatifu na ya milele, sheria kamilifu ambamo viumbe vyote safi vimetokea.

Kupitia wajumbe wa mbinguni wa Agano la Kale, Mungu, Wamilele, alitufundisha kwamba uzima ni wa milele. Na Mwanae, Kristo, Mkombozi wa nafsi zote na watu wote, alifundisha katika Agano Jipya, na hata leo kupitia unabii, anafundisha kwamba uzima wa milele una mpangilio wake na kwamba katika kila kiumbe mna nguvu ya uzima wa milele, sheria ya milele, yaani Mungu. Ni nguvu takatifu ya Marekebisho, mapenzi, hekima, unyofu na subira Yake, na ya wema, upendo na rehema Yake ambayo ni upole Wake.

Maneno ya Roho wa Mungu yametolewa kwetu ili tuyatafakari. Hatupaswi kutosheka tu na kuyasikiliza au kuyasoma, bali tunapaswa kuyafikiria pia ili tuelewe maana ya ujumbe uliotolewa, kwani maneno hayo yanasimulia kuhusu sehemu yetu sisi wenyewe, yaani uzima wetu halisi na wa milele.

Upande wetu, sisi ni wakristo huru wanaomfuata Yesu, Kristo. Sisi si wa dini yoyote ya nje. Dini ya ndani ni uhuru, ni Uzima ulio, hatimaye uzima wetu wa milele. Sisi wenyewe tumechagua maisha haya ya duniani kupitia mwenendo wetu. Hapo awali maisha yetu iliundwa na maudhui ya hisia, mawazo, maneno na matendo yetu. Kwa hiyo maisha yetu imo mikononi mwetu. Ndiyo sababu sisi tuko huru, wakristo huru walio na uamzi juu ya maisha yao.

Viumbe vya kiroho vya mbinguni vimetokea kwenye upendo wa Mungu, kwenye moyo Wake. Jumla ya nguvu za uzima halisi wa milele imo ndani ya aina zote za viumbe. Kwa hiyo zimo pia ndani ya kila mtu, kila mnyama, kila nyota na ndani ya ulimwengu wote. Kwa sababu nguvu zote huunda umoja, mipango yote hutiririka moja ndani ya nyingine kama nguvu na nuru. Hili pia ndilo linalotokea katika viumbe vyote vya kimungu.

Nguvu zote za mbinguni ni nguvu moja na ni sheria ya uwepo safi, yaani Uzima. Kila kiumbe cha kiroho ni sheria ya milele, kiumbe katika sheria ya ulimwenguni pote, Sheria ambayo ni Uzima wa viumbe vya kiroho, sheria inayotiririka ndani mwao kama pumzi, nguvu ya uzima. Sheria ya milele ni mng'ao wa nuru ya msingi, Mungu, uzima wa milele. Sayari zote za mazingira ya mbinguni na malimwengu vinapenywa na kujaa nuru ya sheria ya milele ambayo inadumisha uwepo wao. Zinafuata njia ambazo zilipangiwa na Yule anayeongoza kila kitu, Mungu, Sheria. Aina zote za viumbe vya mazingira katika ufalme wa Mungu, katika uumbaji safi wa milele, zinaelekea upande wa nuru asilia, upande wa Sheria ya Uzima – upendo wa Mungu na wa jirani usiobadilika.

Hayo yana maana kwamba nyota zote za ufalme wa Mungu, viumbe vyote vya kiroho, aina zote za viumbe vya mazingira, vinapenywa na kutiwa uhai na mng'ao wa nuru ya msingi ya milele, sheria ya milele.

Ni mamoja katika ufalme wa Mungu ulio na maada ya kiroho, yenye kung'aa, na ni hivyo pia katika dunia za maada nzito na zenye mshikamano mkubwa, dunia za kimaada kwa sehemu au kwa jumla; tofauti ni kwamba dunia hizo zinafunikwa na maganda inayoundwa na nguvu duni ya kimungu. Malimwengu yote, aina zote za viumbe, wanadamu, wanyama na mimea, hubeba ndani mwao sheria ya ulimwenguni pote, yaani Mungu!

Nuru na nguvu vinamaanisha umoja. Nuru na nguvu ni maelewano ya sheria ya milele ya upendo wa Mungu na wa jirani. Ndiyo maana upendo wa kweli ni maelewano ya viumbe safi visivyo na dosari. Na upendo wa kweli ni uzima halisi na wa milele unaojaa nuru.

Kwa hiyo Uzima ni umoja, muungano na maelewano ya milele. Kwa hiyo, hakuna kiumbe cha kiroho kinachozungumzia kuhusu maisha yake kwa sababu, katika sheria ya Mungu, yeye mwenyewe ni Uzima wa milele. Sheria ya Mungu, sheria ya uzima wa milele pia ni maelewano kati viumbe vyote vya kimungu na pia kati viumbe vyote vya mazingira ya ufalme wa Mungu.

Uajibikaji wa mwanadamu kuhusu mwenendo, maadili, mwelekeo wa maisha yake – madhara yao kwa nafsi katika ahera

Tukizingatia ndani mwetu maelezo mafupi hayo ya ufalme wa milele, ya uwepo safi ya Uzima ambao ni Mungu na ambao ni umoja, tukihisi Mungu ndani ya uzima huo, basi tutafahamu kwamba maisha ya mwanadamu inayolenga tu «maisha yangu» ni maisha binafsi ya kila mmoja – bali sio uzima wa milele, uzima usio wa kibinafsi wa umoja, wa upendo wa Mungu na wa jirani.

Tungechukua maisha yetu duniani kama zihara ya muda kitambo, kama sehemu ya njia yetu, hivyo basi ingekuwa rahisi kwetu kutambua nafsi yetu katika muktadha wa ulimwengu nzima. Tungeweza kuelewa vema sana, kwa mfano, maana ya kifo na ya kuzaliwa kulingana na uzima wetu wa milele. Kutokana na mtazamo huo wa juu sana, tungeipa hali na matukio ya maisha yetu duniani maana na thamani tofauti kabisa.

Kila mtu huipa mwenyewe kiwango cha thamani maisha yake duniani, mtu huunda hali ya maisha yake kupitia mwenendo wake kwa majirani zake, kwa wanyama, mimea na sayari nzima.

Tabia ya mtu inaundwa na jumla ya hisia, hisi, mawazo, maneno na matendo yake, imeundwa na kila kitu anachohisi, anachofikiri, anachosema na kufanya, siku baada ya siku. Yote hayo yameandikwa mwilini mwake. Hatua kwa hatua anageuka kile anachokihisi, anachokifikiri, anachokisema na kufanya, na nafsi yake inabadilika kulingana na hayo. Kwa hiyo, kile ambacho kila mtu anakiita «maisha yake» hakika ni jumla ya mambo chanya – yaani, mambo yanayoafikiana na mapenzi ya Mungu – anayotajirisha nafsi na mwili wake nayo, na mambo yasiyo chanya, yaani hasi, anayotwika mwili na nafsi yake.

Maisha ya mwanadamu duniani inaundwa na rekodi zake mwenyewe, rekodi za mambo anayofikiri na kusema na pia maoni yake, kwa mfano, kuhusu jinsi anavyofikiria haki na tendo la kuwa sahihi au kuwa na haki. Ni juu ya msingi huo ndiyo baada ya miaka mingi utu wa kila mtu hukua, ndiyo inaweza pia kuitwa «sheria binafsi» kwa sababu ni sheria mahususi kwa mtu, kwa hali zake binafsi. Basi hiyo ndiyo inaunda maadili ya kibinafsi ya kila mtu, maadili yanayobainisha tabia zake na mwenendo wake wa maisha. Hiyo ndiyo anayaita «maisha yake».

Kila mtu anaunda maisha yake mwenyewe na kuchagua mwelekeo wake kutokana na kile anachorekodi mwilini na nafsini mwake. Kwa kutii sheria ya sababu, rekodi hizi zinaleta matokeo yanayomwonyesha mtu jambo analopaswa kujifunza – au kustahimili – duniani au katika ulimwengu wa nafsi kama nafsi tupu. Ni kanuni ya «tendo na jibu kwa tendo», inayoitwa pia «kanuni ya sababu na matokeo» au «kanuni ya kupanda na kuvuna» au kwa kifupi «kanuni ya sababu».

Sheria ya sababu – kanuni inayolinganisha hali chanya na hali hasi ya maisha duniani na ahera

Kwa mjibu wa kanuni ya «tendo na jibu kwa tendo» au «kanuni ya kupanda na kuvuna», kila mtu huvuna tu kile ambacho yeye mwenyewe alipanda hapo awali katika mwili wake na nafsi yake. Mwanadamu anaita «maisha yake» wingi wa matukio na hali zinazotokana na kupanda na kuvuna kwake. Katika maisha yake yote duniani, safari hiyo ya kibinafsi iliyojaa mambo chanya na hasi humletea mtu furaha na mateso. Hilo ni jambo sahihi, hata hivyo watu wamoja wanakataa kukubali kwamba wao wenyewe wana wajibu katika balaa, magonjwa au shida wanazokabiliana nazo. Hata hivyo kila mtu, siku moja au nyingine, atalazimika kukubali kwamba anaweza tu kuvuna uovu aliorekodi na kupanda mwenyewe. Kwa hiyo kila mtu anachagua mwelekeo wake mwenyewe anaouita «maisha yake».

Tukumbushe, hata hivyo, kwamba hiyo si Uzima wa ulimwenguni pote, bali tu ni hali na matukio ya uwepo wake duniani, ambao anabuni yeye mwenyewe.

Lakini, Mungu, uwepo safi, wa milele na usio na mwisho, Uzima wa mbinguni, ni Uzima usiobadilika na usioweza kufikiwa na mwanadamu mwenye hiari, mbinafsi na aliye na akili finyu. Sheria ya ulimwenguni pote, Mungu, Mkamilifu, ni wema kamili. Kwa hivyo, kitu kinachohusiana na mapenzi na matamanio ya mwanadamu, ambayo yanalingana na utashi wake na ubinafsi, kinaweza kuwa kibaya tu, yaani chakuleta madhara.

Mwili wa mwanadamu pia unaweza kuchukuliwa kama ganda la muda la nafsi. Hakikisho hiyo inasababisha swali hili: Nini kinachotokea baada ya maisha duniani, wakati nafsi inaacha ganda hili la muda? Nafsi inakaa wapi basi?

Jibu linaweza kuwa lifuatalo: Kila mmoja wetu anachagua kila siku mwelekeo ambao nafsi yake itakaoufuata baada ya kifo, itauacha mwili wake na kuvutiwa kwenye nyanja za ahera ambapo nguvu zinazotokana na makosa ambayo mtu hakuombea toba zinamungoja. Ni mizigo na kamba ambayo mwanadamu angepaswa na alipaswa kuikomboa nafsi yake nayo kwa kutambua makosa yake na kuyarekebisha tayari wakati wa kuzaliwa tena upya duniani. Kwa hiyo kila mmoja wetu anachagua mwenyewe kila siku mahali ambapo nafsi yake itaenda baada ya kifo cha mwili wake.

Tutumie hapa lugha nyingine ya picha inayotuwezesha kutoa maelezo ya kina ya jambo hilo: Mwanadamu anaweza kulinganishwa na kompyuta. Tunaweza kusema kwamba kila mmoja wetu anarekodi kila siku data kwenye kompyuta ambayo ni «mtu».

Data hizo zinarekodiwa ndani ya mwanadamu na ndani ya nafsi yake, na pia kwenye vikundi vya sayari zingine zinazopokea data kama hizo, sayari ambazo tena nazo zinamulika data hizo hatua kwa hatua na siku baada ya siku upande wa nafsi na upande wa mtu. Kwa hivyo kila mtu hukabiliana na rekodi hizo, anakabiliana na data ambazo alirekodi hapo awali wakati wa maisha yake dunani. Ni mamoja pia kwa nafsi katika akhera. Nafsi, nayo pia, inahimizwa na makundi ya sayari kutazama na kurekebisha moja kwa moja mambo ambayo ganda, yaani mtu alirekodi ndani mwake kupitia fikra na maneno yake wakati wa maisha yake tofauti duniani. Kwa hiyo, kwa niaba ya mwanadamu, nafsi yake sasa inakabiliana na rekodi ya mambo maovu na ina jukumu la kurekebisha uovu huo.

Hata kama kulingana na rekodi zetu za mambo tunavuna furaha au mateso, tunapaswa kufahamu kwamba cha muhimu kwa hatima yetu ya sasa na ya wakati ujao ni kiwango chetu cha kutokuwa na ubinafsi na cha upendo wetu kwa jirani. Mwanadamu anapojifikiria yeye mwenyewe tu na kutenda kwa namna hiyo, mara na mara anarekodi madhara. Wakiwa wenye kutawaliwa na hali hiyo ya ubinafsi, watu wamoja wapo tayari «kutembea juu ya mizoga», kama watu wengi wasemavyo.

Kuwa upande wa Mungu au kupingana naye – Kutekeleza upendo wa Mungu na wa jirani au kauli mbiu ya kishetani «Jirani yangu ni mimi»?

Yesu wa Nazareti alitufundisha sheria ya uhuru inayotegemea upendo wa Mungu na wa jirani, bali siyo ubinafsi juu ya ubinafsi wa kupindukia kiasi ambao, kwa maneno machache, unadokezwa na kauli hii: «Jirani ni mimi». Aina hiyo ya ubinafsi ipo kinyume kabisa cha upendo wa Mungu na wa jirani.

Sheria ya uhuru ambayo Yesu wa Nazareti alitufundisha inamaanisha kwamba kila mmoja wetu anawajibika na namna yake ya kufikiri na ya kuenenda, kwa mujibu wa kanuni inayokubaliwa na wote kwamba «tendo huamabatana na matokeo yake», kanuni inayoitwa tena «sheria ya sababu na matokeo». Kulingana na sheria ya ulimwenguni pote, hayo yana maana kwamba sisi tupo upande wa Mungu, ama tupo wapinzani wake, Yeye, uzima wa milele.

Yule anayepinga sheria ya uhuru, sheria ya Uzima, amegeuza «upendo wa Mungu na wa jirani» kuwa «jirani yangu ni mimi». Ni kugeuza mambo huko ndiko kumesababisha hatua kwa hatua kanuni hiyo ya kishetani «Jirani yangu ni mimi». Kanuni hiyo inasimamia kwenye msingi wa ukosefu wa uhuru na uhusiano wa kitumwa wenye sharti ya utiifu, kwa mujibu wa kanuni «Shikilia wengine kwako. Jirani yako ni wewe». Mtazamo huo, unaotokana tu na ubinafsi, si chanzo tu cha mateso ya wanadamu, ni chanzo pia cha mateso makubwa ya wanyama wasio na hatia, mateso ya mimea, madini na ya dunia nzima.

Siku moja au nyingine, iwe katika maisha haya au kama nafsi, katika akhera au katika maisha ingine duniani, nafsi italazimika kukabiliana na rekodi zake, kukabiliana na wajibu wake. Kwa hiyo kila mmoja wetu ana nira yake mwenyewe ambayo inaweza kujidhihirisha kama vile mateso, wasiwasi, shida, magonjwa na dhiki nyingine.

Kuelewa na kuchanganua maelekezo tunayotolewa na nguvu ya siku

Tunaweza kuanzia kwenye jambo lipi, ili tujiweke huru kutoka woga wa yote ambayo bado yanaweza kutupata? Mwanzo ni kuelewa kwamba kila siku ni siku yetu, ni siku binafsi kwa kila mtu na ambayo inaweza kututia hamasa na kutupa uwezo wa kujitambua. Mchana unatuonyesha wazi madhara tuliyotwika mwili na nafsi yetu hapo awali, yaani, ujumbe tuliohifadhi katika seli za mwili wetu na nafsini mwetu. Kila mchana hutufunulia sehemu ya mambo tuliyorekodi ili hatua kwa hatua tujinusuru na madhara ambyo ingeweza kutuathiri vibaya siku moja ikiwa hatuyarekebishi.

Tahadhari! Inawezekana kwamba mchana uanze na hisia ya furaha na ya nuru ya jua. Basi, tunafikiri kwamba tuna Mchana mwema mbele yetu. Hatimaye tunazungumzia kuhusu maelewano na raha: «Hii ni siku nzuri sana!

Ninajihisi katika hali ya furaha sana». Hata hivyo, saa chache baadaye, siku hiyo kwa ghafla inachukua mwelekeo mbaya. Kwa mfano, tunapokutana na mfanyakazi mwenzetu wa zamani ambaye tunaanza mazungumzo naye. Anaibua, bila kuzingatia, hali inayohusiana na shughuli tuliyoifanya kwa pamoja katika siku za awali. Kwa ghafla, hisia yetu inabadilika. Chukizo fulani inayoweza kufikia kwenye unyogovu, inaanza kujitokeza ndani mwetu. Mazungumzo hayo yanafanana na tendo la ukungu unaofunika ulimwengu wa hisia zetu uliokuwa wenye kuangaziwa na jua na wenye furaha. Nini iliyotokea? Je, huo ulikuwa ujumbe kutoka kwa nguvu ya kibinafsi ya mchana wetu?

Kwa kuwa, kama tunavyofahamu, bahati haipo, mazungumzo hayo hakika yalikuwa ujumbe unaotaka kutuonyesha moja ya mambo tuliyorekodi katika kompyuta yetu ambayo ni «nafsi na mwanadamu». Hakika, kama tulivyoelezwa, nafsi na mtu ni kama vifaa vya kuhifadhia rekodi ya mambo tunayohisi, tunayofikiri, tunayosema na kutenda. Sasa ni jukumu letu la kuchanganua msukosuko wa kihisia uliozusha msongo wa fikra zenye wasiwasi na zisizo kwenye mpango zinazoelekea pande zote. Je, siku hiyo inataka kutueleza nini? Je, ni nini iliyomo ndani ya fahamu na fahamu ndogo yetu na pia nafsni mwetu? Je, ni mambo gani hayo ambayo hapo awali yalirekodiwa katika kikundi cha sayari ambacho sasa kinamulika mambo hayo upande wetu sisi? Inahusu nini?

Ikiwa unaamini Roho wa ulimwenguni pote tunayemwita Mungu katika nchi za Magharibi, uwe na matumaini na omba Roho wa Mungu ambaye ni sheria ya ulimwenguni pote ya upendo wa Mungu na wa jirani. Mwombe akusaidie na akuunge mkono. Ikiwa ombi letu ni kweli na la kutoka moyoni, tunapaswa pia kutenga muda wa kutosha kwa ajili ya sala hiyo, ikiwezekana jioni, wakati hali ya hewa inapokuwa tulivu, wakati ambapo shughuli nyingi za mchana zinakoma polepole na jioni inaanza. Kuzingatia upya matukio ya mchana hufungua akili yetu ili tuweze kuona kwa ghafla, shukrani kwa maonyesho ambayo huinuka ndani yetu na kutufanya tuelewe ni kwa nini dokezo la unyogovu lilikuwa limeficha hali yetu nzuri.

Yesu, Kristo, alitufundisha hivi: «Ombeni nanyi mtapewa. Tafuteni na mtapata. Bisheni mlango na mtafunguliwa». Mungu, ambaye ni Uzima katika ulimwengu wote mzima, anatujua, kwa maana Yeye ni Baba yetu wa mbinguni.

Mungu, Roho wa Baba yetu wa mbinguni yumo ndani mwetu. Yeye ndiye Uzima. Anajua shida na mahangaiko yetu, na tukijenga juu yake, tukimtumaini na kuamini kwamba Yeye ndiye anayeongoza yote yaliyo mema, atatuunga mkono wakati wa shida kubwa.

Njia ielekeayo kwa Mungu ndani mwetu inahitaji ustahimilifu. Muda ambapo tuna uwezo wa kuelewa kitu kilicho bora kwetu, tunakifahamu kwa namna iliyo wazi – hayo yanaweza kuwa mapema asubuhi au wakati wa matukio fulani mchana au hata jioni. Kwa hiyo ni muda ambapo tunaweza kufahamu kitu hicho kwa urahisi ndipo tunapohisi na kuelewa ujumbe wa Mungu kwetu. Ufahamu huo wa ghafla unafanyika kupitia fikra na picha zinazojitokeza ndani mwetu na ambamo, tukirudilia mfano wetu, tunaweza kuelewa sababu ya hali yetu ya kukata tamaa au ya kufa moyo. Jambo moja ndilo lililo hakika, tumerekodi nafsini na mwilini mwetu uovu ambao nafsi yetu ingependelea kufuta kabla ya ganda ambamo nafsi ilimo, yaani, mwanadamu, alazimike kupatwa na madhara yake.

Siku yetu ina maelekezo mengi. Kupitia hali nyingi, mchana unapenda kutuonyesha kile tunachopaswa kuchanganua na kurekebisha. Mchana ni rafiki yetu. Mchana unatuonya kwa wakati. Kila kitu, kila kitu kabisa, ni nguvu.

Kila kitu kinachotoka kwetu ni nguvu. Nguvu hiyo, inayolingana na mambo chanya au hasi ya mawazo, maneno na matendo yetu, imerekodiwa na itaturudilia siku moja au nyingine, mara nyingi hatua kwa hatua. Mambo yote chanya na hasi tuliyorekodi siku nyingi sana za maisha yetu duniani, ni sehemu ya uzima wetu kama wanadamu au kama roho katika akhera, baada ya kifo cha mwili wetu wa kidunia.

Tumia vema siku zako! Nguvu ya Mungu inayojifunua kupitia mazingira inadhihirisha umoja, upendo wa Mungu na wa jirani

Mchana, Mchana wetu, ni rafiki yetu. Siku nzima, Roho wa Mungu, Baba yetu, anajaribu daima kutufanya tutambue hali zetu mbovu mapema, ili tuzirekebishe kabla ya sisi kama wanadamu au kama nafsi iliyovua ganda lake la kidunia kupatwa na madhara ambayo tunayaita majanga. Kila siku, kupitia hali zisizopendeza tunazopitia, tunahimizwa kutambua hali zetu mbaya ili tujifunze kupitia hali hizo na kuelekeza maisha yetu pa wakati kwenye njia zinazoongoza kwenye uzima wa milele ili nafsi yetu iweze «kupanda Mbinguni». wakati itakapovua ganda lake la kimwili.

Endapo mtu hatatumia fursa ya siku zake duniani kurekebisha mambo na licha ya kuwa na dhamiri timamu anaacha kwenye mwelekeo mbaya fikra na mwendo wake, basi baada ya kifo cha mwili, katika akhera, nafsi yake italazimika kuendelea na safari yake huku ikibeba mizigo ambayo mwanadamu aliitwika nafsi yake kupitia mwenendo wake wa dhambi hapa duniani. Safari hiyo itaipeleka wapi nafsi? Mwishowe itarudi tena duniani, kuishi katika mwili mpya. Nafsi ambayo kwa namna hiyo imechukua mwili mpya wa kidunia inaendelea na safari yake, katika umwilisho mpya. Mtu huyo mpya ambaye hubeba ndani mwake hali alizorekodi katika maisha yake mengine ya awali mara tena anaiita kuwa «maisha magumu» hatima yake mpya ambayo, kwa kweli, ni ya zamani.

Safari hiyo ya nafsi katika akhera na hatimaye duniani wakati wa umwilisho tofauti, inaendelea hadi muda ambapo nafsi na mwanadamu watakapotambua kwamba «Maisha» ni nini hakika.

Roho Mweza yote, Mungu, ambaye ni Uzima, ni umoja. Yeye ni Baba wa wanae wote, na pia wanadamu ambao sisi ni sehemu yao. Mungu ndiye Muumba wa kila kiumbe. Yeye ni

Uzima katika kila kitu. Mungu, Uzima, yumo ndani ya kila jiwe, ndani ya kila tone la maji, ndani ya maumbile, ndani ya kila mnyama na vilevile ndani ya kila nafsi na kila mtu. Uzima umo ndani ya maada nne, katika vyote ambavyo dunia hubeba. Uzima ni pumzi au Mungu, katika pumzi ya binadamu. Kila kitu kinaishi kwa sababu Mungu ni Uzima. Kila kitu hubeba ndani mwake hali ya kutokufa kwa sababu Uzima hauwezi kufa.

Tuache ujumbe ambao tumetoka kusoma utende kazi ndani mwetu: Mungu, Baba wa wanae wote, ndiye Muumba wa kiumbe chote. Anajidhihirisha katika mambo yote kwa maneno haya ya ufunuo: «Mimi ndimi Yule Aliye, Uzima». Kwa hiyo Mungu ni umoja. Mungu ni upendo kwa viumbe vyake vyote. Upendo wa Mungu na wa jirani ni Uzima unaojidhihirisha katika madini, katika kila mmea, katika kila mnyama. Roho wa ulimwenguni pote, Mungu, Uzima, hupatikana katika maumbile yote ya mazingira. Kwa hiyo Uzima na upendo wa Mungu na wa jirani ni kitu kimoja.

Mwanadamu anayezungumzia «maisha yake» na anayejidhani kuwa «kiumbe maalum cha uumbaji» anakumbwa tu na hali ya ubinafsi: «Jirani yangu ni mimi», tabia hiyo mbovu anayoita maisha yake na aliyoifanya kitu chake cha thamani. Kwa kutumia sifa yake ya kiumbe maalum cha uumbaji, anauwa, anabaka, anaharibu mazingira na mimea, anawateketeza na kuwachinja wanyama na hata kuwala. Akijichukua kama «Kiumbe maalum cha uumbaji», mtu huyo asiyedhibiti ujangili wake anajidhani kuwa na haki ya kusitisha uhai wa wanyama na mazingira. Mhalifu mkatili huyo anadhani kwamba uzima endelevu, ambao ni pumzi ya Mungu iliyo ndani ya mazingira na wanyama, ni uzima duni na usio na hisia ukilinganisha na uzima wa Mwanadamu anayejidai kuwa «kiumbe cha thamani cha uumbaji».

Heshima ya uzima – je, watu wangali bado na hisia na dhamiri? Kuongezeka kwa ukatili wa wanadamu hakuna mpaka

Tukitazama yote yanayotokea katika jamii ya leo, tunaweza kujiswali: Je, mwanadamu, anayeitwa «kiumbe cha thamani katika uumbaji», bado ana hisia zinazochangia katika maendeleo ya dhamiri ya maadili? Tuanze, na mfano wa hisia za wawindaji. Wao huwinda viumbe vya Mungu – wanyama – kwenye mashamba na misitu, na kuwaua, wakifurahia kupiga risasi. Tunaweza kusema kwamba bunduki kwao inachukua nafasi ya hisia na dhamiri ya maadili. «Kiumbe cha thamani cha uumbaji», yaani mwindaji anasitisha maisha ya mnyama. Swali lingine hili ni la muhimu: Je, ni mwanadamu aliyempa uhai mnyama au Muumba, Mwanzilishi halisi na wa milele wa uumbaji ambaye ni Uzima? Kauli mbiu ya kishetani ya mwindaji ni: «Jirani ni mimi!» Hayo ni matamanio ya ubinafsi ambayo hayana uhusiano wowote na hisia safi na dhamiri ya kimaadili, bali inahusiana kabisa na hisia mbovu, wakati anapochangia kinywaji na wenziwe na anapohesabu idadi ya wanyama wahasiriwa wake. Baadhi ya wawindaji hao wenye majigambo ni Wakatoliki au Waprotestanti au ni wa dini nyingine. Ni ujumbe upi ambao maandishi yafuatayo ya Jerome, ambaye alitangazwa na kanisa kama «mtakatifu» yanaweza kuwatolea?

Aliandika haya: *«Ulaji wa nyama haukuwa unajulikana hadi muda wa gharika, lakini ni baada ya gharika ndipo minofu na mchuzi wenye harufu mbaya wa nyama viliwekwa vinywani mwa watu... Yesu Kristo, aliyetokea wakati muda ulipofika, aliunganisha tena mwisho na mwanzo, kusudi tusile tena nyama.»*

Hata hivyo Kanisa Katoliki lililomtangaza Jérôme kama mtakatifu – ambaye pia ni mmoja wa mababa wa kanisa – linasherekea «misa ya Mtakatifu Hubert», ili kubariki kwa dhamiri yote mizoga ya wanyama waliouawa. Je, hiyo si namna ya kanisa kuwazihaki watakatifu wake?

Mwanadamu aliyegeuka silaha ya uuaji inayoshambulia wanadamu, wanyama, mazingira, Ardhi-Mama,anaita kipindi hicho cha uwepo wa kibinadamu kinachoendeshwa na hisia zake, «maisha» yake. «Maisha ya uovu» yanayoongozwa na kiumbe cha thamani cha uumbaji kilichoshindwa, maisha ambayo pia anajivunia sana, yanatawaliwa na maovu mengine sawa na uovu huo. Mtu ambaye, kwa mjibu wa kauli hiyo «jirani ni mimi», anajionyesha kama kiumbe cha thamani kuliko vyote, anafuga viumbe anavyoviita «wanyama wa machinjioni» ambao tangu kuzaliwa kwao wamehukumiwa kuishia kwenye meza ya mchinjaji. Njama za mauaji hayo tayari zimeanza katika zizi lao chafu. Mara tu wanyama wanapokuwa tayari kwa kuchinjwa, wanatolewa kwenye ukali wa kisu cha mchinjaji. Huko machinjioni, mchinjaji anachinja wanyama ambao mizoga yao zinahangikwa na kukatwakatwa, iwe kwa msumeno au kwa kisu, kulingana na ukubwa wao.

Swali kwa wafugaji wa «wanyama hao wa machinjoni» na kwa wachinjaji: Je,ni wewe uliyewapa uhai wanyama hao ili uuchukue kutoka kwao?

Siyo Mungu, Uzima, au tena Muumba, aliyekuruhusu kuwauwa. Aliwaumba wanyama, Yeye ndiye anayetupa uzima. Ni nani, upande wako, aliyekuruhusu kufanya hivyo? Ni nani?

Akiwa na utovu wa dhamiri ya maadili na akiongozwa na misukumo yake, anayepinga uumbaji wa Mungu ni muuaji wa viumbe vyake, ambavyo ni wanyama na tena mimea, kwa sababu Mungu ni Uzima ndani ya mazingira yote; ni Shetani aliye ndani ya wale wote ambao, bila hisia, wanatimiza tamaa zao mbovu.

Ukatili unaokua wa mwanadamu anayetumikishwa kama chombo kisicho na akili na jamii hauna kikomo. Hebu tuzingatie wanyama wote wanaowindwa na kuuawa misituni au makondeni, wanyama wanaouawa kwa risasi au kwa rungu. Tujiweke kwa nafasi ya viumbe vilivyouawa bila hatia na kuteswa kwa sababu ya nyama zao, «wanyama wa machinjoni» waliofungwa muda mwingi kwenye zizi la kuchukiza, ambao hatimaye wanatolewa kwa mchinjaji. Viumbe hivyo vyote vinaogopa kifo kibaya kinachowangoja. Watesi na wauaji wao na wale wote wanaoridhia vitendo hivyo, wanazitwika nafsi zao kilio cha hofu cha wanyama hao na mauaji yao ya kikatili.

Baadaye nyama ya mizoga ya wanyama hupatikana, zikiwa zimekatwa vipande vipande, kwenye rafu za wachinjaji, za maduka ya kuuzia nyama au kwenye maduka makubwa ya kifahari. Hatimaye, mlaji anayependa lishe la nyama hununua kipande cha nyama hiyo iliyojaa taabu, inayotokana na kazi ya uuaji, kisha anaipika na kuipa wateja. Mwanadamu anayechukua maisha yake kama «Uzima» na kujidai kuwa «kiumbe cha thamani cha uumbaji», basi hukata vipande nyama kwenye sahani yake na kula moja kwa moja vipande vya mzoga akivila na vipande viwili vya mkate au hata kukila moja kwa moja hadi kwenye mfupa. Hayo ni maadili ya kazi yake, ambayo anafafanua kama «maisha yake» na ambayo kwa kweli yanatokana na msemo huu wa kishetani: «Jirani yangu ni mimi!»

Kwa mjibu wa maneno ya Jerome, aliyetangazwa na kanisa kuwa mtakatifu na ambaye kanisa haiheshimu mafundisho yake, yeyote anayekula nyama ya mizoga ya wanyama ni mshiriki wa mateso yao.

Ulaji wa wanyama unaongezeka sana kwa sababu mwanadamu amepoteza hisia zote za kuthamini Uzima na hivyo pia hisia zote za maadili. Vyombo vya kutesa na silaha za kuua zinazotumiwa zina majina mengi: bunduki, rungu, bastola ya kuchinja, nk. Mateso imo katika ufugaji wa wanyama wa machinjoni katika usafiri wao na katika kile kinachowangoja machinjioni. Kama tulivyosema, mnyama hukatwa vipande vipande, kuchomwa na kuongezewa viungo, na hatimaye hutolewa kwa wala nyama. Hiyo ndiyo mtu anaita «maisha yake». Hiyo inasababisha, miongoni mwa mambo mengine, kauli mbiu: «Jirani ni mimi».

Kinachodhaniwa kuwa «siri ya mafanikio makubwa ya kiuchumi», maabara ya utafiti juu ya wanyama, ni majaribio juu ya wanyama inayolenga kuchangia kwenye maendeleo ya kiumbe maalum cha kishetani, yaani mwanadamu. Na hatimaye mnyama akiisha uawa kikatili na kuteswa katika shughuli inayoitwa maendeleo ya kisayansi hafai tena, mzoga wake hutupwa mbali.

Viongozi wanaochanganya watu kupitia desturi za kieklezia ambazo watu wengi wanaamini bado, waligeuza kauli wazi ya Jerome kwa kuitumia kwa kinyume chake. Isitoshe, waliwafanya waumini wao waamini kwamba wanyama hawana nafsi au hisia na kwamba mimea ni maada tu isiyo na uhai. Uongo huo, ambao ni sheria ya watu wanaovaa kanzu, husababisha pia mateso makubwa kwa wanyama wengine. Kama kaka na dada zao, wanauawa, nyakati hizi kwa ajili ya ngozi zao inayomenywa toka miili yao kabla ya kugeuzwa kuwa mapambo ya «warembo» wa ulimwengu huu ambao wanatembea kwa mwendo wa maringo wakiwa wamevaa kanzu, kofia au vifaa vingine vya manyoya, wakitumaini kuwa warembo zaidi. Lakini kabla ya kuona ngozi yao ikitumiwa kutengeneza nguo, wanyama hao wananaswa kwenye mitego mibaya au wanateswa maisha yao yote kwenye vizimba vidogo vya waya kwenye «mashamba ya manyoya».

Hivyo ndivyo nasaba ya mauaji inayoitwa «mtu» inavyopamba kile inachoita «maisha yake».

Wanyama wengi sana wanaoishi baharini, nchi kavu au angani humwomba Muumba wao msaada. Uvuvi, ambao wakati huo huo umegeuka uporaji halisi una msingi kwenye kanuni «jirani ni mimi», pia ni sehemu ya mauaji ya ulimwengu wa wanyama.

Haidhuru msimu gani, majira ya Machipuko, kiangazi, vuli au kipupwe, mwanadamu hujiruhusu kukata miti kadiri anavyoona inafaa. Je, kwa kweli, wale wanaosababisha utata wanaoshughulikia desturi za kanisa hawakuambia wananadamu kwamba mimea na wanyama hawana nafsi? Kwa jumla, Dunia imegeuka mwathirika wa waporaji na wezi kwa sababu mafundisho ya kanisa yanafundisha kwamba viumbe vyote havina nafsi, isipokuwa tu, bila shaka, mwanadamu «kiumbe cha thamani cha uumbaji» ambaye kwa muda mrefu amejitolea na kujinyenyekeza kwa ulimwengu wa giza, na kwa dhana za giza za watu wa dini waliovaa kanzu na kwa ushawishi wao. Viongozi hao wenye misimamo inayoitilafiana wanaendela kumfundisha mwanadamu kutawala Dunia. Hiyo ndiyo mwanadamu anayofanya, kwa kutumia ujeuri wote anaoweza kuwa nao.

Leo, Dunia na aina zote za viumbe vilivyomo wanaomba msaada wa kuwaokoa. Na muda ambapo vitu vine – ambavyo Uzima yaani Mwokozi anatumia kwa kutenda kazi vinaletea Dunia msaada – watu wanaendelea kuchukua Mungu kama Mhusika wa visa vilivyosababishwa na mwanadamu wakisema kwamba ni sehemu ya «siri za Mungu».

Wakati umefika,
sasa ukweli unajidhihirisha.
Watu ambao wamefikia kwenye ufahamu
wa uzima halisi watakuwa mfano
kwa wengine wengi

Wakati umefika ambapo adui wa Mungu anaona kuwa ni vigumu zaidi kuweka mguu wake juu ya Dunia, kwa kuwa dunia iko na itabaki kikanyagio cha miguu ya Mungu na haiwezi kuharibiwa, hata kama ukoo wa viongozi wa kikanisa humshtaki Mungu kila mara. Vitendo vya mauaji ya kishetani ambavyo lengo lao lilikuwa kumshinda Mungu vinakaribia hatua kwa hatua kufika ukingoni. «Watenda» mambo bandia wanaanza kujidhihirisha wao wenyewe mara na mara. Baadhi ya watu wanagundua sasa kuwa mambo yaliyokuwa yanaonyeshwa kuwa mambo ya nuru yanaonekana sasa hatua kwa hatua kuwa ya giza sana.

Atakapoacha mwili wake wa kibinadamu na wa muda, mtu aliyetenda kwa ushawishi wa matamanio yake ya dhambi, muuaji wa wanyama na mazingira, aliyefanya shughuli zake mbaya duniani bila chembe ya dhamiri, atalazimika kutambua kwamba nafsi ni nini na ni nani Uzima. Wanyama wote waliouawa duniani, yaani wale wa misituni, wa mashambani, wa mitoni na wa baharini, wanyama wa machinjioni hata pia wa maabarani, watafufuliwa ndani ya nafsi ya watesi na wauaji wao kama vile picha zinazoleta hofu na mateso. Nafsi haitaweza kuepuka picha hizo, kwa sababu wakati wa kufanyika kwake mwili ilitenda nayo vitendo hivyo vya kutisha; mwanadamu alivirekodi ndani mwake na katika vikundi ya sayari ambavyo sasa vimekuwa makao ya nafsi yake.

Nafsi zingine katika akhera hujiambia: «Nitajikomboa toka mateso haya na kurudi tena duniani». Walakini, kabla ya kurudi katika mwili mpya, nafsi ambayo ilirekodi vitendo hivyo vya kikatili ndani mwake inafunzwa. Kabla ya yote, inafahamishwa matukio yote ya maisha yake mapya. Ujumbe tuliousikia ndani ya shairi «Maisha niliyochagua mimi mwenyewe», mwanzoni mwa kitabu hiki, unajidokeza ndani ya nafsi hiyo na hatimaye ni lazima nafsi itambue kwamba maisha yake ya awali diniani, yaliyorekodiwa ndani mwake, yanaweza kumrudilia kama gongo linalomrudilia yule aliyelitupa. Kwa mujibu wa kanuni «kile anachopanda mtu ndicho atakachokivuna», sehemu ya rekodi zake zitazusha madhara yao wakati wa maisha yake mapya.

Lazima kinachopaswa kutokea, kitokee basi; nafsi iliyozaliwa upya katika mwili mpya ina ndani mwake uovu ambao haikurekebisha na, siku moja au nyingine, wakati utakuja ambapo sehemu ya kile alichokipanda itatafuta kugeuka kuwa mavuno. Matumaini itakayobaki tu ni kwamba, nyakati zijazo, ganda lake la kibinadamu au mwili litakapofikia kiwango fulani cha ukomavu wa kiroho, mtu hataendelea tena kufanya makosa kama na yale aliyoyatenda katika umwilisho wake wa awali. Kwa namna moja au nyingine, sababu hizo zitajionyesha siku moja katika nafsi, katika mazingira ya utakaso au duniani katika mwili mpya.

Heri mtu anayetumia fursa aliyopewa wakati wa maisha yake hapa duniani! Heri yule anayetambua mapema matendo ya watu wa hali bandia wa kanisa – na ambao pengine ananyenyekea chini ya mamlaka yao hadi sasa – mtu huyo anayejifunza kutokana na makosa yake! Kwa msaada wa Kristo wa Mungu, anaweza kukuza ndani mwake toba na kuomba msamaha. Kwa kutorudilia tena makosa yale yale, basi atapinga ushawishi ambao utajaribu tena kumpotosha.

Watu wenye dhamiri hiyo wanaoongoza vema maisha yao duniani, wanachangia sana katika kujikomboa kwa watu wengi toka mtego wa «ushirikina» wa makasisi na wanafuata njia ya toba ya makosa yao na ya matengenezo. Kwa hiyo wanashika sana Amri za Mungu na mafundisho ya mwalimu mkuu wa hekima ambaye ni Yesu, Kristo, na kushika Mahubiri yake Mlimani ambayo yanaonyesha njia ya kukuza maadili ya juu. Hivyo ndivyo wanavyopata dhamiri ya uzima halisi na kufikia kuwa na upendo wa Mungu na wa jirani, ambao ni umoja wa Uzima unaoundwa na aina zote za viumbe duniani, wanyama, mazingira na elementi zingine. Uzima ni Mungu. Yeye pekee ndiye mpaji wa Uzima.

Mwanadamu peke yake ndicho kiumbe kinachojiruhusu kuharibu uzima wa watu wengine, wanyama na viumbe vingine kwa ukatili usioweza kuelezeka. Ni nani muuaji wa wanyama na mharibifu wa mazingira? Ni mtu yule anayempinga Mpaji wa Uzima, yaani Mungu. Ni «ushirikina» ambao huwalaghai watu ili kufanya giza liwe zuri. Watu wengi wameelewa hili na wanatoa shauri hili: Mwanadamu, amka kabla nafsi yako haijatengana bado na mwili, kwa sababu siku itakuja ambapo sheria ya kupanda na kuvuna itafanya kazi. Hebu mwanadamu, fikiria ulichopanda kwa maana utavuna kile ulichopanda. Haya yanahusu kila mmoja wetu.

Kila moja ya siku zetu hutuonyesha jambo nzuri sana ndani mwetu, tena jambo la kiasi, na hatimaye, inatuonyesha jambo mbaya kabisa. Kila siku, kila mmoja wetu anakabiliana na mambo ambayo vikundi vya sayari vinamfunulia kupitia nafsi yake.

Wasomaji wapendwa, tunawatakia nyinyi, na sisi sote pia, kuishi maisha ya ufahamu. Sisi sote ni kaka na dada katika Roho wa uzima wa ulimwengu wote, Mungu, ambaye pia tunamgeukia katika sala ya Baba Yetu kwa kusema tu: Baba. Yeye ndiye Muumba wa Uhai. Yeye pekee ndiye Uzima.

Yesu wa Nazareti alikuwa nani?

Utoto na ujana wake

Kitabuni humu mumekusanywa vifungu tofauti vya ufunuo wa Kristo, ambamo mwenyewe anaeleza hadithi ya maisha yake duniani katika Yesu wa Nazareti, kwa upekee ujana na utoto wake.

S170SW • ISBN 978-3-96446-226-8 • Kurasa 46

Jifunze kuomba

Katika sala ya kweli, unapata maarifa ya Mungu

Sala halisi humfanya mtu awe mwenye raha

Ila, sala halisi huhitaji mafunzo, kwa kuwa sala halisi, tunayoifanya ndani mwetu wenyewe, ni mazungumzo na Mungu.

S174SW • ISBN 978-3-96446-225-1 • Kurasa 54

Amri Kumi za MUNGU

zilizotolewa kupitia Musa

na kufafanuliwa katika usemi wa siku hizi

Ni mashauri ya uzima yenye thamani kubwa inayomwezesha mtu kupata Amani ya roho, uhuru na kumsaidia kumkaribia hauta kwa hatua Mungu, Roho huru aliye ndani mwetu na ndani ya viumbe vyote.

S338SW • ISBN 978-3-96446-227-5 • Kurasa 46

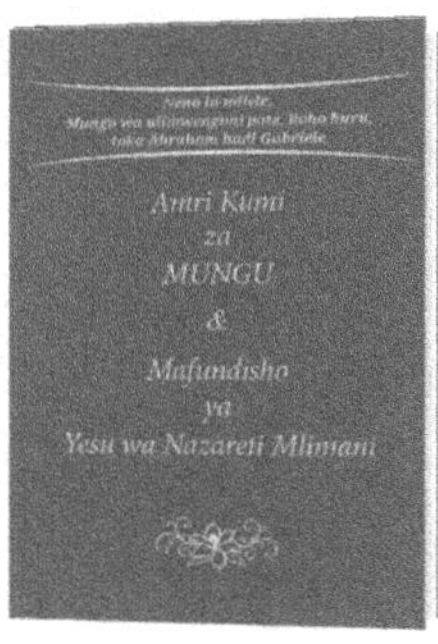

Amri Kumi za MUNGU & Mafundisho ya Yesu wa Nazareti Mlimani

Gundueni Amri Kumi za Mungu zilizofafanuliwa katika usemi wa siku hizi na pia maelezo kuhusu Mafundisho ya Yesu Mlimani iliyofunuliwa na Kristo mwenyewe kupitia Gabriele, nabii na mjumbe wa Ufalme wa milele. Ni maadili ya ulimwenguni pote isiyotegemea dini na inayomlenga kila mmoja aidhuru utamaduni wake. Jaribu mwenyewe, ikiwa inawezekana, kubadili maisha yako.

S182TBSW • ISBN 978-3-96446-289-3 • Kurasa 228

Roho huru

Mungu ndani mwetu

Kitabu hiki kinamwelekeza msomaji kwenye njia ya uhuru na kinamuwezesha kujitenga na imani potovu, mila ngumu na taasisi zinazotushikilia. Njia hiyo ni njia iongozayo kwa Mungu, kwa Mungu ndani mwetu.

S179SW • ISBN 978-3-96446-247-3 • Kurasa 76

MUNGU anaponya

Ni nani asiye na haja ya uponyaji? Nguvu kubwa mno isiyokadiriwa na kuwaziwa inatenda kazi ndani ya kila mmoja wetu. Ni nguvu ya upendo, nguvu ya Mungu.

Gabriele anatoa maelezo kitabuni humu kwamba afya na uponyaji vinategemea mpango wa msingi wa utu wetu wa ndani na kwamba hisia na fikra zetu vina ushawishi mkubwa juu ya hali yetu njema, ambayo tunaweza kuamsha ndani mwetu kwa kumgeukia Mungu, chemchem ya nguvu ndani mwetu.

Kwa kutumia maneno yenye kugusa moyo na inayojaa ujuzi, kitabu hiki kinatuelekeza jinsi ya kuamsha nguvu za kimungu ndani mwetu ili kutia nguvu nafsi na mwili wetu.

S309TBSW • ISBN 978-3-96446-377-7 • Kurasa 113

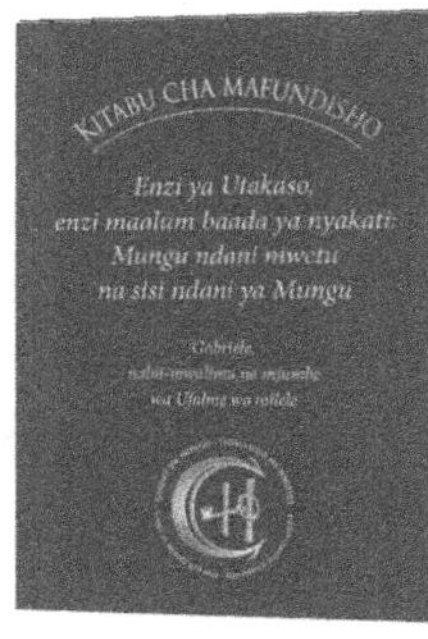

KITABU CHA MAFUNDISHO

Enzi ya Utakaso, enzi maalum baada ya nyakati:

Mungu ndani mwetu na sisi ndani ya Mungu

Katika nyakati hizi za misukosuko, mnapitika mambo mengi ambayo hatuna uwezo wa kuimudu. Lakini kila mmoja ana uwezo wa kuingoza «maisha yake ya kiroho», akitaka. Ndiyo maana Gabriele, nabii na mjumbe wa Mungu kwa wakati wetu huu, anotoa kitabuni humu maelekezo kwa ajili ya kuingia katika Enzi Mpya, kwa kumsaidia kila mmoja kuitolea maisha yake mwelekeo mpya.

Anatuonyesha njia inayotufikisha kwenye uhuru wa kiroho, kwenye Amani, pia kwenye mawasiliano halisi na majirani, wanyama na mazingira.

Kwa hiyo tunaishi tukiwa na dhamiri kwamba Mungu, Roho huru, yupo karibu sana na kila mmoja wetu: Mungu ndani mwetu na sisi ndani ya Mungu.

S187TBSW • ISBN 978-3-96446-403-3 • Kurasa 83

Vijitabu vitolewavyo bila malipo

- Mnaishi milele. Hakuna mauti
- Usikate tamaa! Stahimili!
- Mungu ndani mwetu
- Hili ni Neno Langu A na Ω
- Yesu na wanyama
- Kumpata Mungu!
  Wapi? Na Vipi?
- Maisha ya raha hadi uzeeni
- Uwezekano wa kuzaliwa upya katika mwili wa mwanadamu
  ni neema ya Uzima
- Mafundisho ya Yesu Mlimani
  Ufunguo wa maisha ya kiroho yenye raha
- Hauko peke yako
- Maneno ya faraja

Vitabu vingine vinapatikana katika lugha ya Kiswahili, kiingereza, kifaransa na nyingine nyingi tena

Infos at WhatsApp / Viber in English: +49 151 1883 8742
Infos par WhatsApp en français: +49 159 08 45 45 05
www.gabriele-publishing.com

www.ingramcontent.com/pod-product-compliance
Lightning Source LLC
LaVergne TN
LVHW011709230826
846092LV00010BA/1223

* 9 7 8 3 9 6 4 4 6 4 1 0 1 *